Coaching
A Roda da Vida

Criando o Seu Projeto de Equilíbrio
e Autoconhecimento

Marina Cervini

Coaching
A Roda da Vida

Criando o Seu Projeto de Equilíbrio
e Autoconhecimento

© 2017, Madras Editora Ltda.

Editor:
Wagner Veneziani Costa

Produção e Capa:
Equipe Técnica Madras

Revisão:
Jerônimo Feitosa
Jaci Albuquerque de Paula
Arlete Genari

Dados Internacionais de Catalogação na Publicação (CIP)
(Câmara Brasileira do Livro, SP, Brasil)

Cervini, Marina
Coaching a roda da vida: criando o meu projeto de equilíbrio e autoconhecimento/Marina Cervini. – São Paulo: Madras, 2017.

ISBN: 978-85-370-1076-1

1. Autoconhecimento 2. Coaching 3. pessoal 4. Desenvolvimento pessoal 5. Desenvolvimento profissional 6. Equilíbrio 7. Psicologia positiva I. Título. Crescimento

17-05960   CDD-158.1

Índices para catálogo sistemático:
1. Autoconhecimento: Coaching: Desenvolvimento pessoal: Psicologia positiva 158.1

Proibida a reprodução total ou parcial desta obra, de qualquer forma ou por qualquer meio eletrônico, mecânico, inclusive por meio de processos xerográficos, incluindo ainda o uso da internet, sem a permissão expressa da Madras Editora, na pessoa de seu editor (Lei nº 9.610, de 19/2/1998).

Todos os direitos desta edição reservados pela

MADRAS EDITORA LTDA.
Rua Paulo Gonçalves, 88 – Santana
CEP: 02403-020 – São Paulo/SP
Caixa Postal: 12183 – CEP: 02013-970 – SP
Tel.: (11) 2281-5555 – Fax: (11) 2959-3090
www.madras.com.br

*Dedico este livro a todos que sempre me apoiaram,
acreditaram e sonharam comigo os meus sonhos.
Agradeço de todo o coração.*

Eu sou livre para escolher ser quem eu quero ser.

ÍNDICE

Prefácio 11

Mas Afinal, o que é Coaching? 17

A Roda da Vida 23

Refletindo... 41

Saúde e Disposição 49

Desenvolvimento Intelectual 57

Equilíbrio Emocional 67

Realização e Propósito 75

Recursos Financeiros 83

Contribuição Social 89

Relacionamentos 95

Lazer e Diversão 101

Plenitude e Felicidade 105

Espiritualidade 109

Colocando em Prática a Roda da Vida Criando Soluções 115

Conclusão 123

Referências Bibliográficas 125

PREFÁCIO

Confesso que levou algum tempo até que eu compreendesse onde fica meu ponto de equilíbrio interno e como manter uma conexão firme com ele, a fim de viver uma vida mais tranquila e dentro daquilo que acredito como bem-sucedida. Foram muitas tentativas e várias frustrações de encontrar a paz, o sentido e o direcionamento que eu tanto desejava. O *Coaching*, tanto direcionado para minha própria experiência de vida como aplicado para vários atendimentos e processos os quais tive a oportunidade de acompanhar, norteou muito da minha busca e me trouxe respostas efetivas para vários questionamentos.

Mais importante que alcançar sucesso, *status* ou coisas do gênero, o que sempre almejei foi encontrar equilíbrio. Tive vários fatos que me marcaram, como brigas, relacionamentos malsucedidos, amizades não tão amigas assim, manipulações disfarçadas de amor, confusão sobre quem eu era e o que queria, quem era Deus, como iria conciliar a minha veia artística com outros trabalhos, como realizar uma transição de carreira bem-sucedida, como lidar com dinheiro e ter uma vida financeira, perder peso, parar de fumar, etc. Mas cinco fatos tiveram proporções bem impactantes para mim. Um deles é direcionado diretamente à minha saúde: tive de conviver com sérios problemas ocasionados por sucessivas cólicas renais, como obstrução das vias urinárias, cirurgias, colocação de cateter, uso de sonda e, consequentemente, afastamento de muitas coisas que eram importantes para mim; tudo isso acompanhado obviamente de um forte impacto emocional. Aprendi a equilibrar as minhas emoções, ansiedades e medos e a lidar com eles, controlar a dor física e lutar pela minha própria cura e regeneração. Agradeço a todos que me auxiliaram a passar por esse momento, em especial a minha família e aos amigos, sempre presentes em todas as situações. Amo muito vocês.

Os outros quatro fatos estão relacionados com a doença chamada câncer. Acompanhei quatro casos bastante dolorosos: da minha mãe, da minha avó materna, da minha avó paterna e do meu tio. Sendo que esses dois últimos foram simultâneos, fulminantes e terminais. Passar tanto tempo em hospitais, seja realizando exames ou como acompanhante; observar o sofrimento de pessoas queridas e também de tantos outros pacientes que mal conhecia, mas que pude presenciar um pouco de suas histórias, de suas curas ou términos dentro dos centros e hospitais de tratamento oncológico; ver a olho nu tumores regredindo, respondendo ao tratamento, ou então crescendo sem perspectiva de cura, e ainda assim pacientes sustentando até o fim o seu fio de esperança, mesmo que em muitos casos a reversão do quadro já fosse dada como perdida; e a debilitação física gradual e inevitável foram extremamente significativos para mim.

Aprendi muito com todas aquelas pessoas que se agarravam à cura, e mesmo com tantos efeitos colaterais, incômodos e dores encontravam motivos para sorrir e continuar. Naquele momento, o universo que possuíam se limitava a uma cama de hospital em quartos com leitos compartilhados, uma televisão para todos, companhia um do outro, de enfermeiros, médicos e familiares que se revezavam em visitas curtas ou prolongadas, medicamentos e aparelhos hospitalares, seus próprios pensamentos e sonhos, muitos dos quais não eram revelados para ninguém.

A partir dessas experiências, exercitei um novo olhar sobre a vida e passei a agradecer por ela em todos os níveis. Minha formação em Coaching me auxiliou a dar novo significado a essas experiências, e hoje, por mais difíceis que certos desafios sejam, acreditar verdadeiramente que já deu tudo certo me faz seguir cada dia buscando nele o que existe de melhor.

A vida é feita de momentos. Cada etapa nos encaminha a um tipo de vivência que causa algum impacto em nossa formação e no modo como enxergamos o mundo a nossa volta.

Cada aspecto de nossas vidas está profundamente conectado. A grande chave para o verdadeiro sucesso, realização e qualidade de vida é encontrar o equilíbrio entre todas essas facetas, tornando-nos mais fortes, determinados e centrados para tomadas de decisão e direcionamento de tudo aquilo que realmente faz sentido para nós.

Quando estamos em desarmonia, certamente o desequilíbrio vai refletir em várias outras áreas da vida, já que somos seres integrais. A falta de atenção para algo que é fundamental em nosso desenvolvimento pesará em algum momento de nossa caminhada. É quando passamos por aquelas fases em que encontramos dificuldades que se manifestam em vários níveis, como erros bobos no trabalho, esquecimento de compromissos importantes, baixa de resistência, estresse e fadiga, desequilíbrio emocional, entre tantos outros problemas que vão surgindo e dificultando a realização. Aquela hora em que parece que você vai surtar e não vai aguentar mais.

Para driblar esse tipo de situação e promover o autoconhecimento o Coaching, que é um *misto* de variadas técnicas como Programação Neurolinguística (PNL), Psicologia, Administração, Estratégia, Neurociência, Lógica, Análise Comportamental, Organização de Tempo, entre várias outras, torna-se uma valiosa opção que conduz ao autoconhecimento, direcionamento e realização de objetivos, estimulando o foco e o desenvolvimento.

Uma das eficazes ferramentas que são utilizadas durante o processo de Coaching é a Roda da Vida, que permite uma autoanálise sobre quem somos e como de fato anda o equilíbrio dos variados setores de nossa vida, promovendo uma tomada de consciência e direcionamento de ações efetivas para alcançarmos e sermos todo o sucesso que podemos ser.

Por meio deste livro, irei abordar como funciona, e como utilizar A Roda da Vida, para que você avalie suas experiências de forma integral e possa tomar as atitudes certas para concretizar aquilo que é importante e realmente faz sentido para você.

Estamos juntos de mãos dadas nesta jornada, onde a sua razão e emoção dançarão em harmonia no grande baile da sua existência.

Marina Cervini
Pedagoga, Leader Coaching e Analista Comportamental

ONDE EU QUERO CHEGAR?

QUAL CARREIRA DEVO SEGUIR?

COMO ENCONTRAR MEU EQUILÍBRIO EMOCIONAL?

QUAL É O CAMINHO PARA O SUCESSO
EM MINHAS RELAÇÕES?

COMO FAÇO PARA EQUILIBRAR
A MINHA VIDA FINANCEIRA?

O QUE EU QUERO DE VERDADE PARA MINHA VIDA?

VOCÊ JÁ SABE O QUE REALMENTE FAZ SENTIDO PARA VOCÊ?

VAMOS INICIAR SEU PROJETO DE
AUTOCONHECIMENTO E EQUILÍBRIO?

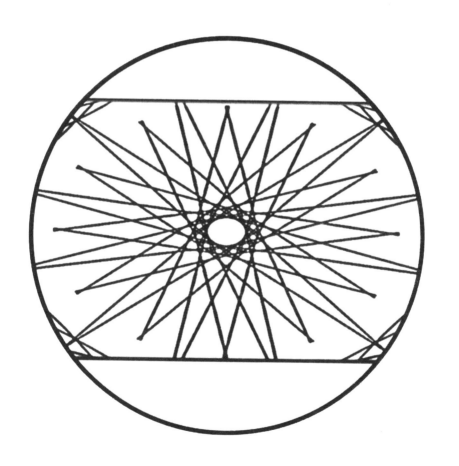

Mas Afinal,
o que é Coaching?

A palavra *Coaching* significa "treinamento", tem origem na língua inglesa (*coach*) e foi utilizada pela primeira vez na cidade de Kócs, na Hungria, para designar carruagem de quatro rodas.

No século XVIII, os nobres universitários da Inglaterra iam para suas aulas conduzidos em suas carruagens por cocheiros chamados *coacher*. Por volta de 1830, o termo *Coach* passa a ser utilizado na Universidade de Oxford como sinônimo de "tutor particular", aquele que "carrega", "conduz" e "prepara" os estudantes para seus exames.

Atualmente, o termo Coaching é aplicado para definir um processo pautado em variadas técnicas que têm como objetivo promover o desenvolvimento humano, utilizando diversas ciências, como Psicologia, Sociologia, Neurociências, Programação Neurolinguística, e também conhecimentos das áreas de Administração Empresarial e Gestão de Pessoas, com o objetivo de apoiar pessoas e empresas no alcance e definição de metas de forma acelerada e contínua.

Pensando no Coaching como um agente de transformação, podemos fazer uma referência ao programa *"Legado Active"*, aplicado pela Coach pioneira nessa área *Vikki Brock*, em que os participantes são estimulados de forma ativa e interativa a criar escolhas conscientes e promover mudanças efetivas em suas vidas e nos meios onde estão inseridos. Esse método serve como uma das referências para exemplificar como o processo de Coaching pode atuar de forma eficaz. Podemos destacar os seguintes pontos:

- **Estabelecer bases**, esclarecer quem você é no seu núcleo;
- **Definir** as expectativas, intenções e objetivos;
- **Avaliar** a história pessoal;
- **Obter** clareza sobre crenças e sistemas de valores;
- **Conectar-se** à singularidade individual;
- **Identificar** eventuais lacunas entre quem você é e quem você quer ser;
- **Integrar** o externo – integrar quem você é com o seu meio;
- **Definir** responsabilidades externas;
- **Determinar** como viver uma vida autêntica;
- **Avaliar** o nível de bem-estar e equilíbrio na vida;
- **Esclarecer** legado existente;
- **Estabelecer** a visão do legado desejado;
- **Trazer** quem você é para o mundo;
- **Identificar** as possibilidades e oportunidades para preencher as lacunas em sua vida;
- **Criar** um plano realista baseado na intenção e foco;

- **Determinar** como você vai saber que é bem-sucedido;
- **Conscientemente** escolher viver momento a momento;
- **Conscientemente** evoluir – aprender e crescer em maior fluxo;
- **Avaliar** o sucesso externo e satisfação interna;
- **Realizar** os ajustes conforme for necessário.

Além de promover autoconhecimento, o Coaching também é uma poderosa ferramenta para auxiliar na construção de carreiras profissionais, formação de líderes e a identificação da importância do desenvolvimento de parcerias.

Por ser uma ferramenta flexível, o processo de Coaching pode ser adaptado a variados nichos, como: Relacionamentos, Familiar, Esportivo, Pedagógico, Sucesso Integral, Comunicação, Vendas, Liderança, Negócios, Finanças, Crises e Transições, Carreira, Espiritual, Emocional, Superação, Transformação, Novos Negócios, Gestão, Orientação Profissional, Planejamento, Empreendimento, Emagrecimento, Empoderamento, Superação, Autoconhecimento e inúmeros outros.

Independentemente do ramo de atuação, o Coaching é uma ferramenta poderosa para auxiliar no alcance de objetivos, desenvolvimento de pessoas e descoberta de possibilidades positivas que alavancam missões e ideias.

Em uma sessão de Coaching existem mais do que duas pessoas ou uma equipe desenvolvendo metas e objetivos. Vai além de *Coach* (quem conduz o processo) e *Coachee* (quem é conduzido). Ocorre uma verdadeira comunhão de universos que se fundem para a elaboração de um sentido mais amplo, coerente e real que representa o equilíbrio da mente, corpo, crenças, necessidades, valores e essência da alma.

Por intermédio de um campo relacional construído em confiança, um florescer de criatividade, sentido, cura, visão e missão é constituído, permitindo que conteúdos sejam abordados com eficácia e percepção sensível e agregadora a um lindo processo que envolve as relações humanas.

Resoluções de conflitos internos e maior percepção de quem se é verdadeiramente acontecem no processo de Coaching, possibilitando que o meio e o ambiente externo sejam reconstituídos e alinhados ao bem-estar, propósito, qualidade de vida e verdadeiros objetivos, trazendo maior coerência e prazer que contribuem para uma existência verdadeiramente harmoniosa, digna em sentido e pautada em alegria e realização.

O Coaching é mais que uma aplicação de processos e ferramentas, é uma filosofia e missão de vida que vai além de uma ou mais sessões ou encontros. É um agente transformador que ilumina locais obscuros da psique, que passa a transbordar clareza e maestria para a concepção de uma existência repleta de verdade interna e sentido.

CONECTO-ME COM QUEM EU SOU,

E UM UNIVERSO

DE POSSIBILIDADES

EXTRAORDINÁRIAS SE APRESENTA PARA MIM.

A RODA DA VIDA

"Sucesso: Êxito; consequência positiva; acontecimento favorável; resultado feliz."
Dicionário da Língua Portuguesa

O sucesso e a felicidade plena representam a comunhão de variados fatores, como a forma que nos enxergamos e também compreendemos o mundo a nossa volta, a sintonia de nossas relações, como o nosso meio profissional está direcionado, o equilíbrio de nossa alimentação, a prática de exercícios físicos, tempo para diversão, entre tantos outros.

Somos seres tão complexos e repletos de necessidades que em muitos momentos nos perdemos dentro delas, e quando nos damos conta disso, tentamos encontrar alguma saída sem de fato saber como saciar nossos impulsos mais singulares.

A fim de compreender melhor a complexidade da vida, os hindus criaram um sistema chamado A Roda da Vida, como objetivo de promover uma autoavaliação dos variados setores que compõem nosso Eu tão múltiplo e variado.

Essa ferramenta é representada por um círculo dividido em doze partes, sendo que cada uma delas representa aspectos relacionados ao:

Pessoal: saúde e disposição, desenvolvimento intelectual, ou seja, estudos, dedicação para cursos e leituras que desenvolvam o raciocínio e ampliem a visão sobre variados pontos de vista, e equilíbrio emocional.

Profissional: realização e propósito, recursos financeiros e contribuição social.

Relacionamentos: família, desenvolvimento amoroso e vida social.

Qualidade de vida: criatividade, *hobbies*, diversão, plenitude, felicidade e espiritualidade.

Para realizar a avaliação, é necessário colocar uma nota de 0 a 10 referente à satisfação que você tem em cada área. Comparando os resultados, você saberá onde precisa dar mais atenção e, consequentemente, sentir-se realizado e satisfeito.

É sempre importante lembrar que somos seres integrais, e a baixa satisfação em uma das áreas da vida, em longo prazo, desencadeia desequilíbrio e, consequentemente, mal-estar que se reflete e em várias outras áreas que até então estavam equilibradas, ou seja, quando equilibramos os variados aspectos que nos compõem, estamos em plenitude. Quando estamos em desequilíbrio, nosso Eu por completo será afetado em algum momento caso não seja dada a devida atenção e importância ao que está pendente.

Com auxílio d'A Roda da Vida, é possível perceber em qual ponto de sua jornada você está e para onde você quer ir, assim como o que você tem priorizado e demonstrado maior ou menor interesse, como também o que você tem anulado causando autossabotagem e impedindo seu sucesso e crescimento pleno.

O ideal é que cada parte da roda tenha pelo menos seis pontos de satisfação; caso isso não aconteça, essa é uma área que precisa ser trabalhada e modificada com urgência. Encontrando as deficiências de determinada área, torna-se mais fácil criar um plano para uma vida mais equilibrada, feliz e prazerosa, obtendo dessa forma sucesso naquilo que você deseja.

Essa técnica pode ser utilizada tanto no aspecto pessoal (*Life Coaching*), como em direcionamento de carreira (*Profesional Coaching*), sendo que, em ambos os casos, o equilíbrio entre o pessoal e o profissional é essencial para atingir um alto *desenpenho*.

Após a explicação sobre A Roda da Vida e os seus benefícios, vamos colocar essa ferramenta em prática e compreender como anda o seu equilíbrio. Logo abaixo está um modelo dessa ferramenta.

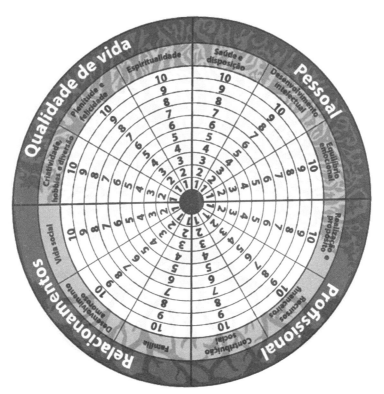

Reflita sobre cada um dos assuntos abordados nas partes da roda e dê a pontuação de 0 a 10, sendo que 0 é péssimo, 10 excelente e no intermediário 5, que é razoável.

Antes de realizar a marcação de pontos, convido você a responder às seguintes questões. Seja bastante honesto consigo mesmo, a alavancagem do seu sucesso e equilíbrio dependem da sua integridade e comprometimento com você mesmo.

Saúde e Disposição

Como está a sua vontade de realizar as atividades do seu dia a dia? Quais as sensações que envolvem a maior parte da sua rotina?

_____

_____

_____

_____

_____

Quando você vai para o trabalho, sente-se animado e energizado? Por quê?

_____

_____

_____

_____

Quando está em casa, você fica animado ou desanimado? Por quais motivos?

_____

_____

_____

_____

Como está a sua saúde? Como você acredita estar com relação a esse aspecto de sua vida?

_____

_____

_____

_____

Qual foi a última vez que você fez exames de rotina?

_____

_____

_____

_____

Como está a sua vitalidade?

_____

_____

_____

_____

Qual é o grau de atenção que você tem dado a sua saúde? Por quê?

_____

_____

_____

_____

_____

Desenvolvimento Intelectual

Quanto você considera que tem aprendido nos últimos tempos? Por quê?

_____

_____

_____

_____

_____

Você tem feito algum tipo de direcionamento, curso ou aperfeiçoamento para estimular ou ampliar as suas habilidades? Por quê?

_____

_____

_____

_____

Quando você assiste a filmes, documentários, ou lê livros, você tem o foco em passar o tempo e também aprender algo, ou simplesmente encara essas atividades como passatempos?

_____

_____

_____

_____

Reflita. Qual foi o último filme a que você assistiu? Que aprendizado você pode tirar dele? Como isso pode gerar impacto na sua vida de alguma forma?

_____

_____

_____

_____

Qual foi o último livro que você leu? Quais foram os aprendizados que obteve por meio dessa leitura?

_____

_____

_____

_____

_____

Equilíbrio Emocional

Como você se sente sobre as suas emoções?

_____

_____

_____

_____

Você tem tido muitas oscilações bruscas de emoções ao longo do seu dia? Por quê?

_____

_____

_____

_____

_____

Qual é a emoção que predomina no seu dia a dia? Qual é a origem dela?

_____

_____

_____

_____

_____

Realização e Propósito

Você está realizado profissionalmente? Por quê?

_____

_____

_____

_____

Você está realizado pessoalmente? Por quê?

_____

_____

_____

_____

Quanto as suas realizações pessoais e profissionais, estão em equilíbrio?

_____

_____

_____

_____

O que você considera como sendo o propósito da sua vida?

_____

_____

_____

_____

Quanto ele tem se realizado?

Recursos Financeiros

O que significa recurso financeiro para você?

Quanto você se satisfaz com o dinheiro que recebe?

Você é feliz com o que você ganha? Por quê?

Como você pode progredir ainda mais financeiramente?

_____

_____

_____

_____

Contribuição Social

O que é trabalho para você?

_____

_____

_____

_____

Quanto o seu trabalho (independentemente de ser remunerado ou não) interfere na vida de outras pessoas? Por quê?

_____

_____

_____

_____

Quanto você acredita que o seu trabalho contribui socialmente para melhorar o mundo? Por quê?

_____

_____

_____

_____

Você acredita que tem realizado contribuições significativas nas vidas de outras pessoas? Como?

_____

_____

_____

_____

Relacionamentos/Família

O que você pensa sobre família? Por quê?

Quem você considera como sua família? Por quê?

Relacionamento Amoroso

O que é relacionamento amoroso para você?

O que você acredita sobre isso?

Você tem vivido aquilo que acredita sobre isso?

Isso é bom ou ruim para você? Por quê?

Qual é a sensação que esse assunto lhe causa?

Você considera-se feliz nesse aspecto da sua vida? Por quê?

Vida Social

O que é vida social para você? Por quê?

_____

_____

_____

_____

_____

Você tem tido companhia para realizar atividades de lazer?

_____

_____

_____

_____

Isso é prazeroso para você?

_____

_____

_____

Como estão as suas relações profissionais e quanto você pode contar com elas? Por quê?

_____

_____

_____

_____

_____

Como estão as suas relações pessoais e quanto você pode contar com elas? Por quê?

_____

_____

_____

_____

Plenitude e Felicidade

O que é felicidade para você? Por quê?

_____

_____

_____

_____

_____

Você se sente feliz a maior parte do tempo?

_____

_____

_____

_____

_____

Espiritualidade

O que é espiritualidade para você?

_____

_____

_____

_____

_____

Quanto você se sente em alinhamento com a sua visão sobre espiritualidade?

Eu sou a comunhão de sonhos, desejos, planos, esperanças e realizações.

Eu tenho uma história própria que faz com que eu seja quem eu sou hoje.

Eu honro e respeito a minha história.

Eu me permito curar aquilo que ainda está doente em mim.

Eu me fortaleço em minha verdadeira essência.

Eu escolho ser o que eu sou em minha totalidade.

Eu aceito trabalhar em mim a aceitação de tudo aquilo que sei que posso melhorar e me proponho a me movimentar para isso.

O sopro de vida que existe em mim é capaz de renovar as minhas forças e esperanças na vida.

REFLETINDO...

Mais importante do que saber a teoria de uma determinada técnica, é realmente sentir como ela pode efetivamente fazer diferença em nossas vidas. Vamos realizar uma reflexão sobre A Roda da Vida e os pontos que você pode trabalhar, levando em consideração que sempre podemos melhorar tudo em nossa jornada. Permita-se sentir como esse novo olhar pode alterar a sua percepção sobre quem você é, e também o universo que o cerca.

Você é muito mais do que manhãs rotineiras e dias corridos. Você é um universo completo que se refaz a cada respirar. Cada pensamento que a sua mente produz é capaz de mudar a sua realidade, se este for direcionado rumo a sua vitória.

Sejamos honestos. Nem sempre, e nem todos os dias, e nem em todas as fases da nossa vida nós somos como sol radiante capaz de iluminar a tudo a nossa volta. Existem medos, receios, ressentimentos, inseguranças, problemas que podem nublar o nosso brilho. Não sinta culpa por às vezes se sentir assim. Porém, manter esse estado por muito tempo pode ser extremamente prejudicial, especialmente visto que você nasceu para a felicidade.

Você já chegou a essa conclusão? Já pensou a respeito que um dos maiores objetivos de se estar vivo é ser feliz? Todos nós buscamos incessantemente por esse sentimento. Buscamos a felicidade por meio de experiências, bens materiais, conhecimentos, relações, autoconhecimento... A felicidade está dentro de nós e em nosso equilíbrio, porém a projetamos muitas vezes em eventos e circunstâncias externas.

Não é egoísmo ser feliz. Egoísmo é ter a dádiva da vida e não usufruir dela em sua plenitude, independentemente de quais sejam as suas limitações físicas, de tempo ou espaço.

Onde você está agora, os recursos que você possui agora, por mais efêmeros que possam parecer, são capazes de movimentar a sua vida se assim você desejar e permitir. Usufrua de todo sopro de vida que é seu por direito simplesmente pelo fato de você existir.

Não diminua o valor daquilo que você tem. Não tenha os outros como fonte de comparação. Seja você a sua própria escala de superação. Lembre-se de que o que possui hoje, por mais que julgue ser muito pouco, pode ser um tudo para alguém. Como você tem valorizado a sua vida?

Permita-se ser honesto com tudo aquilo que não está fazendo bem a você e transforme. Permita-se pensar de outra forma, sentir de outra maneira, escolha aquilo que você quer em sua vida, e o que você não quer mais, honre e agradeça, já que foi importante até aqui, e então faça a transição, libere e parta para um novo momento. Dê nova forma aos acontecimentos, olhe a mesma situação com um novo olhar e permita-se ser mais você, mais vida, mais amor, mais esperança e determinação.

O sucesso nada mais é do que a consequência da sua honestidade consigo mesmo, com as suas verdades e com tudo aquilo que faz sentido e que você tem coragem de manifestar e conquistar.

A única coisa que pode parar você é você mesmo. Reflita sobre isso, não como uma frase clichê já ouvida em várias mensagens espalhadas por aí. Sinta a essência dessa afirmação. Perceba o quanto você é único e especial para esse mundo e que nada nem ninguém é capaz de fazer com que você pare, desde que você tenha certeza de onde quer chegar, de por que quer chegar e da grande importância que isso tem na sua vida e na vida de outras pessoas.

Tudo o que somos gera um grande impacto em nossa própria jornada e no caminho de tantos outros; por mais que não percebamos, viver é um ato de coragem e de milagre em tudo o que a palavra vida pode implicar.

Qual olhar você decide ter sobre a sua própria vida? Sim, digo a sua própria vida, não a alheia. Viaje para dentro de você e perceba qual ponto de vista você está exercitando sobre sua trajetória. Ela está cinza ou incolor, angustiante ou sem rumo? Decida fazer diferente. Você é como um artista capaz de pintar as ilustrações mais belas através da força e beleza das vivências da sua alma e das suas escolhas.

Por mais difícil, dolorido e pesado que viver tenha sido até este momento, você tem a chance de fazer diferente. E o principal, você escolhe quando vai querer se dar essa chance. Pode ser agora, no virar de mais uma página deste livro, ou daqui a dez anos. Você escolhe. Você tem sim esse poder. Faça as coisas mudarem, torne-as radiantes, alegres e significativas; dê a direção a sua vida, que o leva rumo à realização de quem você é, determine superar as travas, os medos, ajude-se, busque ajuda caso não consiga sozinho, mas nunca pare em um sentimento de derrota ou incapacidade.

Celebre cada momento. Dê novo significado às dores, e mesmo que ainda doam, escolha seguir em frente e buscar, primeiro nos pequenos detalhes, a felicidade que muitas vezes ficam escondidas em pequenas coisas.

Preencha a sua vida com pequenas alegrias para que você então se dê conta de que tudo que está em equilíbrio é capaz de energizar, realizar e preencher. Não espere apenas pelos grandiosos eventos para ser feliz, escolha ser feliz nos detalhes. Pedacinhos e pedacinhos de felicidade fazem um banquete de alegria se assim você permitir.

Permita-se agora rever cada aspecto da sua Roda da Vida sob um novo olhar...

Minhas Reflexões

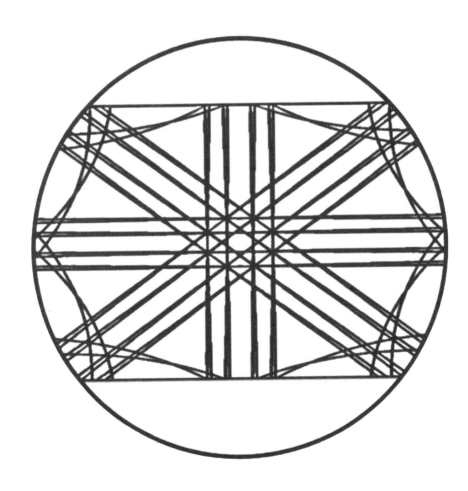

Meu corpo é a sustentação da minha alma.

Eu manifesto em saúde a dádiva de ser e estar
presente neste mundo.

Eu valorizo tudo aquilo que serve de apoio para
a manifestação de quem eu sou.

Eu respeito meu ser físico, supero
meus próprios limites e escolho como quero
compartilhar esse
alicerce que me sustenta.

Eu aceito meu ser por completo e me permito ser
tudo aquilo que posso ser.

Saúde e Disposição

"Saúde: Estado habitual de equilíbrio do organismo."
Dicionário da Língua Portuguesa

A palavra saúde está relacionada a variados aspectos, como saúde financeira, saúde familiar, saúde nos relacionamentos, entre tantos outros, com o intuito de ilustrar essa área da vida como estando em equilíbrio ou não. Nesse momento, vamos pensar em saúde relacionada à questão do corpo físico, sua disposição e bem-estar.

Negligenciar o corpo é o mesmo que abrir mão da sua estrutura material por completo, já que esta só é usufruída em plenitude se seu equilíbrio físico estiver harmonizado. O quanto você sente que o seu corpo é importante para você?

Quando você realiza uma atividade sentindo-se saudável, e faz o mesmo tipo de tarefa doente, obviamente tudo se torna mais difícil e desgastante. Exige-se uma máxima do corpo, que muitas vezes não está apto a colaborar para o ritmo esperado, justamente por precisar de energia para se refazer. A saúde física é fundamental para tudo. Porém, quantas vezes outros planos estão na frente dos seus cuidados com o corpo?

Caso sua alimentação, sono ou, comportamento estejam em desalinho, a sua capacidade de produzir será menor. Você valoriza o seu corpo? Nesse momento não pense em estética ou limitações físicas, mas, sim, no conteúdo saudável que você possui, e que o movimenta de alguma forma para a execução das suas atividades.

Não priorizar as ações necessárias para estar em equilíbrio com a sua saúde, em longo prazo, desencadeará uma série de consequências que exigirão maior atenção do que se cuidar de forma diária e natural.

Ter saúde e ter bons hábitos influencia em quanto de disposição você terá ao longo do seu dia, e, principalmente, o quanto você se importa consigo mesmo. Não adianta querer desbravar o mundo sem ter a vontade de se levantar e buscar um copo de água na cozinha. A disposição é a consequência da sua capacidade de suprir as suas próprias necessidades.

Negligenciar a sua saúde física é o mesmo que eliminar uma parte do seu corpo. Uma hora você dará conta de quanto pequenos cuidados fizeram falta, e a doença pode se manifestar como a representação da sua não atenção a você mesmo.

Muitas vezes, não cuidar de seu corpo é uma forma de autossabotagem essencial. Uma maneira de ludibriar e adiar o seu sucesso e abrir mão de algo que é essencial a sua vida.

Não ter tempo, não ter condições, entre tantas outras desculpas que podem ser encontradas para deixar o seu corpo de lado, nada mais são do que sabotagens e resistências a ser bem-sucedido por completo, já que estar saudável refletirá no alcance dos seus objetivos e manutenção das suas vitórias.

O corpo é uma dádiva, não um empecilho. Cada respiração é um milagre se você perceber o quanto de perfeição existe na mecânica da sua saúde. Deixar de cuidar do corpo é um deslize muito grave para todos nós. Deixar de prevenir doenças por comodismo é um atentado contra nós mesmos.

Segundo pesquisas recentes do IBGE (Instituto Brasileiro de Geografia e Estatística), 10% dos brasileiros têm pelo menos uma doença crônica, como diabetes ou hipertensão, sendo que a maioria só tem conhecimento de que está doente após a manifestação de sintomas graves das doenças.

Os hábitos prejudiciais como alimentação não equilibrada ou a falta da prática de exercícios ocasionam sérios riscos à saúde. Ainda de acordo com a pesquisa, somente 37% da população consome a quantidade necessária de frutas e hortaliças, enquanto 37, 2% consome carne gordurosa e 24% consome álcool ao menos uma vez por semana. Além disso, 23,4% toma refrigerante, 21% come doces e 15% fuma cigarro. O Brasil tem 21% de hipertensos, 18% de pessoas com problemas na coluna e 12% com colesterol alto.

Você faz parte dessas porcentagens? Por quê?

A maioria das pessoas queixa-se de:

- falta de dinheiro para manter uma alimentação sadia;
- falta de tempo para realizar atividades físicas;
- falta de estímulo para adquirir e manter hábitos mais saudáveis.

Porém, prevenir doenças certamente é mais barato, leva menos tempo e exige menos energia do que tratá-las depois de manifestadas.

Observando a sua roda da vida, o que impede de você ser mais saudável? Com honestidade, o que faz com que você se afaste do caminho da sua saúde. Reflita a respeito de verdade, não de modo superficial.

As seguintes dicas podem colaborar para a sua organização diária para a prática de hábitos mais saudáveis.

Beba água

Faça da garrafinha de água a sua melhor amiga. Tenha sempre perto de você em lugares visíveis e de fácil acesso. Use-a como lembrete para os cuidados com a sua saúde. Lembre-se de beber água. Hoje em dia existem até aplicativos para avisar os horários em que você deve se hidratar.

Alimente-se em horários regulares

Você costuma marcar em sua agenda os horários em que vai comer? Às vezes o dia é tão corrido que você se esquece de comer? Ou então, quando come, engole qualquer coisa só para saciar a fome, não para nutrir o corpo? Proponha-se a realizar as três principais refeições: café da manhã, almoço e jantar, e prepare lanchinhos para os intervalos. Achou muito complicado se organizar para isso? Pense como vai ser mais complicado ainda ter de cuidar das consequências do seu descaso com a alimentação.

Pratique exercícios pelo menos três vezes por semana, por mais de 30 minutos por vez

Não tem tempo de ir a uma academia ou praticar regularmente algum esporte? Coloque as atividades físicas em seu dia a dia. Suba escadas, em vez de pegar elevador. Caminhe entre o metrô e o trabalho. Levante-se mais cedo para realizar as suas atividades. Pense em tudo o que você poderia usar de movimento, em vez de terceirizar serviços, e faça. Você estará trabalhando a seu favor.

Minhas Reflexões

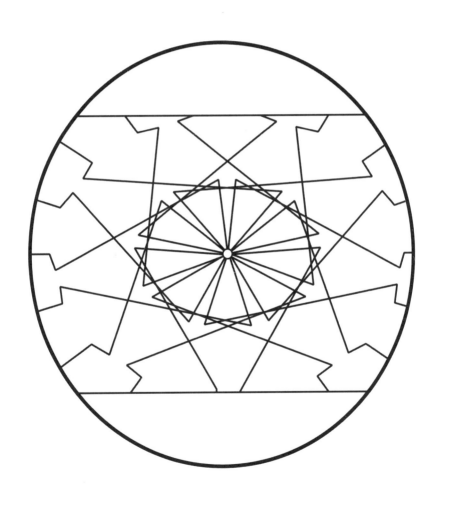

Eu existo em meus pensamentos.

Eu sou capaz de criar um mundo a partir dos meus conhecimentos e aceito manifestar tudo aquilo que posso ser.

Eu aprendo com o mundo a minha volta e extraio todas as lições que a vida pode me ensinar.

Eu sou um manifesto vivo do aprendizado de minhas experiências.

Eu aprecio a beleza da sabedoria impressa em tudo aquilo que me cerca e em quem eu sou.

DESENVOLVIMENTO INTELECTUAL

Todos nós somos seres dotados de inúmeras inteligências, e elas estão disponíveis ao nosso uso, se soubermos como acessá-las de forma prática para as necessidades do nosso dia a dia.

O conceito tão errôneo cultivado por tanto tempo de inteligência, em que notas ou estereótipos baseados em avaliações e exames eram fontes inegáveis de conhecimento, está caindo em descrédito. A forma pela qual absorvemos informações é tão múltipla que tentar restringir a obtenção de conhecimentos a uma única forma e metodologia é o mesmo que abrir mão de um mundo de possibilidades que podem ser exploradas para próprio benefício.

Howard Gardner, psicólogo norte-americano criador da teoria das inteligências múltiplas, após muitos anos de pesquisas sobre a inteligência humana, pôde chegar à conclusão de que o cérebro possui oito tipos de inteligência, e, infelizmente, a maioria das pessoas tem apenas uma ou duas delas de fato desenvolvidas, o que explica por que um indivíduo tem muita facilidade com artes e dificuldades com cálculos matemáticos, por exemplo. Porém todas as inteligências podem ser estimuladas e exercitadas.

Segundo os estudos de Gardner, as inteligências podem se manifestar de duas formas: por hereditariedade ou por aprendizado através de experiências vividas. Os estímulos e o ambiente social têm grande importância no desenvolvimento intelectual.

Podemos classificar as múltiplas inteligências como:

Lógica – voltada para conclusões baseadas em dados numéricos e na razão. As pessoas com essa inteligência mais desenvolvida possuem facilidade em explicar as coisas utilizando-se de fórmulas e números.

Linguística – capacidade de utilizar a língua para comunicação e expressão. Os indivíduos com essa inteligência desenvolvida são, em geral, ótimos oradores e comunicadores, além de possuírem grande capacidade de aprendizado de idiomas.

Corporal – grande capacidade de utilizar o corpo para se expressar em atividades artísticas e esportivas. Uma campeã de ginástica olímpica ou um dançarino famoso são exemplos dessa inteligência em evidência.

Naturalista – voltada para a análise e compreensão dos fenômenos da natureza (físicos, climáticos, astronômicos, químicos).

Intrapessoal – pessoas com essa inteligência possuem a capacidade de se autoconhecerem, tomando atitudes capazes de melhorar a vida com base nesses conhecimentos.

Interpessoal – facilidade em estabelecer relacionamentos com outras pessoas. Indivíduos com essa inteligência conseguem facilmente identificar a personalidade das outras pessoas. Costumam ser ótimos líderes e atuam com facilidade em trabalhos em equipe.

Espacial – habilidade no reconhecimento de fenômenos que envolvem movimentos e posicionamento de objetos. Um jogador de futebol habilidoso exemplifica essa inteligência.

Musical – inteligência voltada para a interpretação e produção de sons e a utilização de instrumentos musicais.

Nem sempre encontramos de imediato a melhor maneirar de aprender algo, o que torna o risco de desistência muito maior. Mas é possível aprender a aprender, a partir do momento em que você presta atenção em quais são as suas principais habilidades, e como elas podem ser utilizadas para a sua própria aprendizagem.

Vamos levar em consideração algumas das características que possuímos em maior evidência. Você considera-se mais:

Visual: Tem maior facilidade em compreender as coisas através da imagem.

Auditivo: Tem maior facilidade em compreender através dos sons e da escuta ativa.

Cinestésico: Tem maior facilidade de aprender através de vivência e execução de tarefas.

Reflita a respeito de qual linguagem é mais fácil de ser assimilada por você e como o seu comportamental pode ser utilizado a seu favor.

Caso você seja mais visual, o interessante é sempre ter as coisas anotadas de forma limpa e clara, estudar em ambientes organizados, realizar marcações com cores, utilizar-se de imagens para realizar associações, criar mapas mentais e tudo o mais que dê forma clara ao aprendizado.

Agora, se a audição é o seu ponto forte, use esse recurso ao seu benefício, gravando áudios, escutando explicações, compreendendo músicas, associando sons a processos. Em uma sala de aula, busque sentar mais à frente para escutar melhor. E não duvide das impressões que você levanta baseadas na fala das outras pessoas. Mantenha a sensibilidade de realizar uma leitura das situações através das emissões e frequências dos sons.

Já para quem é mais cinestésico, realize o aprendizado de forma prática. Faça exercícios, escreva textos, assista a filmes, vá a exposições, realize associações conectadas a movimentos. Tudo o que proporcionar ação irá colaborar para a sua maneira de aprender.

Outra forma interessante para desenvolver as suas qualidades intelectuais é compreender como o seu comportamento movimenta ou atrapalha o seu processo de aprendizado. Identifique como você prefere receber as informações: de maneira mais pausada ou com agilidade e rapidez? Precisa de exemplos para compreender melhor as linhas de raciocínio, ou a objetividade é mais assertiva com você? Realize a prática do autoconhecimento da aprendizagem. E lembre-se: nunca se compare a ninguém. Notas muitas vezes são quantitativas e não qualitativas. Não meça suas capacidades tendo como olhar a forma de aprender do outro, mas, sim, a sua.

Desafie sua mente. Volte a estudar, ou então dê continuidade à leitura de um livro, faça um curso, assista a um filme e perceba o quanto ele pode trazer uma nova visão de vida e ensinamentos. Todos nós somos dotados da capacidade de aprendizado.

Durante um processo de Coaching é possível realizar uma pesquisa mais aprofundada e detectar sua forma de compreensão do mundo e como ela pode ser ajustada a favor de seu aprendizado.

Não permita que o medo seja impedimento para a sua realização e desenvolvimento intelectual. Sintonize-se com você e com o todo que o cerca e descubra que cada experiência é rica em aprendizado se você estiver antenado ao presente.

Aguçar a sensibilidade para aprender é o mesmo que estar disponível a novos níveis de compreensão do mundo. Perceba as várias camadas de uma situação e como elas podem ser ricas para a sua evolução em vários níveis.

Segundo a Neurociência, o cérebro é capaz de processar em segundos informações armazenadas por uma vida inteira. Sendo extremamente dinâmica, a estrutura cerebral é capaz de receber informação pelos seus sentidos, reter e armazená-las de modo a acessá-las em larga escala, analisar e reconhecer padrões, organizar informações de maneira que façam sentido, liberá-las de diferentes formas, seja pensando, falando, desenhando, movimentando e de todas as outras formas de criatividade. Perceba o quanto seu cérebro é dinâmico e possui capacidade para aprender e realizar diversas tarefas. Você está longe de ser um alguém limitado. Explore a sua mente para obter novos e melhores resultados.

O cérebro também está dividido em dois hemisférios distintos. O hemisfério esquerdo e o hemisfério direito.

O hemisfério esquerdo é caracterizado por ter áreas responsáveis pelo raciocínio lógico, fala, matemática, etc. Pode ser chamado de "cérebro acadêmico".

O hemisfério direito possui áreas responsáveis pela preferência musical, arte, dança, criatividade, arte, entre outros. Esse é o seu "cérebro artístico".

Em um estudo recente o Doutor Jeff Anderson, Ph.D. em Neurologia, pesquisou a respeito dos hemisférios do cérebro e concluiu:

"É absolutamente verdade que algumas funções cerebrais ocorrem em um ou outro lado do cérebro. Idioma tende a ser do lado esquerdo, uma atenção mais à direita. Mas as pessoas não tendem a ter uma rede cerebral esquerda ou direita mais forte. Ela parece ser determinada mais por ligação de conexão".

Ou seja, ambos hemisférios estão conectados e suas habilidades podem ser exercitadas e também transformadas por meio da Neuroplasticidade, que é a capacidade do cérebro de se modificar. Pesquisas atuais descobriram que o cérebro se adapta durante toda a vida, criando novas células e conexões por intermédio das experiências e aprendizados vividos; quanto mais você aprende, mais você desenvolve a sua capacidade cerebral.

Abra-se para explorar o seu desenvolvimento intelectual e redescubra o mundo a sua volta.

Dicas

Encontre assuntos que você tenha interesse e dedique um tempo pesquisando sobre eles.

Faça fichas para documentar o que aprendeu.

Desafie-se a dedicar um tempo para estudar sobre assuntos que você ainda não tem muita facilidade.

Com o auxílio de exercícios de memória, passatempos e leituras mais complexas, estimule a atividade de seu cérebro.

Faça atividades de múltiplas características com o intuito de desenvolver ambos os hemisférios cerebrais.

Minhas Reflexões

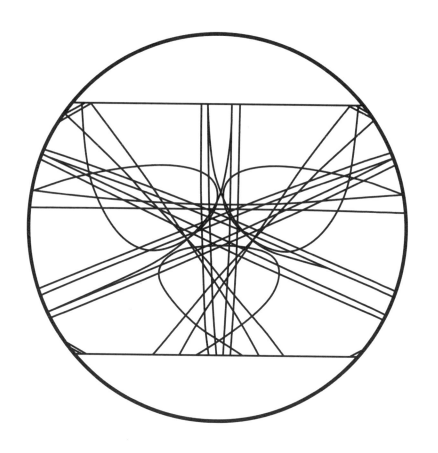

EU MERGULHO NO MAR DAS MINHAS EMOÇÕES,

NADO JUNTO A CADA ONDA

E NAVEGO EM HARMONIA COM AS MINHAS SENSAÇÕES.

EU SOU LIVRE PARA SENTIR.

Equilíbrio Emocional

O que é estar equilibrado emocionalmente para você? É uma pergunta difícil de ser respondida, principalmente diante de tantas oscilações que vivenciamos no dia a dia. Mas o mais importante é identificar como você tem se sentido na maior parte do tempo, o porquê e se é agradável e benéfico ou não. E dependendo da sua resposta, buscar formas de melhorar seu estado emocional.

Daniel Goleman, psicólogo, escritor e Ph.D. da Universidade de Harvard e difusor do conceito de inteligência emocional, ensina que o controle das emoções é essencial para o desenvolvimento em todas as áreas. Por mais que possam existir fatores genéticos que influenciem no temperamento, o cérebro é maleável e pode ser trabalhado a favor do equilíbrio.

Segundo Goleman, a Inteligência Emocional é a "capacidade de identificar os nossos próprios sentimentos e os dos outros, de nos motivarmos e de gerir bem as emoções dentro de nós e nos nossos relacionamentos". Ser inteligente emocionalmente é um dos fatores predominantes para o alcance do sucesso ou insucesso.

Podemos caracterizar a inteligência emocional em cinco habilidades:

• **Autoconhecimento emocional:** capacidade de reconhecer as próprias emoções e sentimentos.

• **Controle emocional:** habilidade de lidar com os próprios sentimentos e utilizá-los da maneira mais adequada para cada situação. Conhecer as emoções em desequilíbrio é fundamental para chegar ao equilíbrio. Identificá-las é essencial para contrapô-las em momentos críticos e encontrar soluções para lidar com elas. Em um momento de raiva, por exemplo, saber que uma caminhada pode acalmar, ou então em um momento de tristeza escolher dar novo significado à situação a fim de alterar a emoção. É ter a consciência de que você pode alterar e harmonizar o seu estado emocional.

• **Automotivação:** é a capacidade de dirigir as emoções a serviço de um objetivo ou realização pessoal. A motivação permite o encontro de prazer e alegria em realizar determinada ação, dessa forma nos tornando menos suscetíveis a ansiedade, aborrecimentos e falta de vontade. Uma das formas de manter a motivação sempre em alta é ter consciência dos benefícios pessoais e globais que determinada ação irá proporcionar.

• **Reconhecimento das emoções de outras pessoas:** essa habilidade pode ser chamada de empatia, ela permite identificar as necessidades e desejos dos outros.

• **Relacionamentos interpessoais:** é a capacidade de interação com outras pessoas, de gerir as próprias emoções e também as dos outros, de maneira a solidificar as relações. Mais do que reconhecer os sentimentos do próximo, essa habilidade permite interagir e lidar melhor com elas.

Uma boa forma de desenvolver a inteligência e o equilíbrio emocional é refletir e identificar os seguintes pontos:

• identificar as emoções que sente e por que as sente;

• entender a ligação entre o que sente e o que pensa;

• reconhecer como as emoções afetam suas ações;

• ter consciência de seus pontos fortes e fracos;

• ser capaz de refletir sobre as experiências vividas e aprender com elas;

• aceitar *feedback* de outras pessoas sobre suas atitudes;

• saber rir dos próprios erros;

• saber quais são as próprias capacidades;

• assumir desafios;

• expressar suas opiniões com franqueza;

• ter segurança em suas escolhas.

A Universidade de Harvard classificou os seguintes comportamentos típicos de pessoas com baixa inteligência emocional:

• você frequentemente tem a sensação de que os outros não entendem o que você fala e isso o deixa frustrado;

• você se surpreende quando as outras pessoas se sensibilizam com seus comentários e sempre acha que elas estão exagerando;

• você acha que ter uma boa relação com as pessoas do seu trabalho e na sua vida pessoal não é algo importante;

• você cria, com relação aos outros, as mesmas expectativas que tem sobre si mesmo;

• você culpa os outros pelos problemas que sua equipe de trabalho enfrenta ou que você enfrenta em sua vida;

• você acha irritante quando alguém espera que você saiba como ele está se sentindo.

Caso você se identifique com algumas dessas característi-cas, lembre-se de que o comportamento é mutável e que você pode escolher fazer diferente se assim desejar.

A emoção dá cor à razão. Estar em conexão com as pró-prias vontades, desejos e verdades auxilia no equilíbrio e na maneira como você lida com aquilo que sente. Toda emoção tem a sua importância, e negligenciá-la é um mau-trato con-sigo mesmo. Ser honesto quanto ao que se sente é a melhor forma de identificar as maneiras de chegar ao equilíbrio.

Tudo em excesso ou em falta causa consequências. Ouvi-mos muitas vezes a filosofia do caminho do meio. Nem esteja demais nem de menos. O mesmo vale para as nossas emoções. A qualidade do que sentimos pode ser modificada de acordo com vários aspectos físicos, acontecimentos, pessoas e formas como observamos o mundo.

Sobre qual aspecto você tem visto o mundo? Essa é uma boa reflexão para compreender as emoções que estão regen-do a sua vida. Pense nas emoções como uma paleta de cores. Quais delas você mais tem usado? Elas estão em harmonia com o todo que o cerca? Medite a respeito sobre quanto há de cores em sua vida e quais delas estão em falta. Você pode associar cada cor a uma emoção e então compreender o quanto disso há em seu caminho. Exemplo: amarelo é alegria; verde, moti-vação; azul, calma... Fique livre para atribuir cores às emoções que fizerem maior sentido a você. Uma maneira interessante de concretizar o aprendizado sobre esse ponto de vista colo-rido é escolher um desenho em preto e branco e pintá-lo de acordo com a sua própria legenda de cores. Ao final, observe a pintura e perceba o quanto ela pode estar equilibrada ou não.

Todos nós passamos por momentos difíceis, e respeitar as emoções que são disparadas nessas situações é essencial para se viver em equilíbrio. Atribua novos significados a tudo aquilo que hoje, por algum motivo, gera algum tipo de incômodo e acredite que você é capaz de chegar ao seu melhor estado, que é aquele que faz mais sentido para você.

Minhas Reflexões

Eu tenho o poder da realização.

Eu sei como e quando agir de forma clara.

Eu tenho metas, foco e motivação.

Eu crio a minha vida.

Realização e Propósito

Realizar tem a ver com ação. Agir para alcançar um objetivo e conseguir. Ter uma meta e atingi-la. Fazer os movimentos adequados para satisfazer algo que é importante para você.

Realização é motivação. O que motiva você a chegar a determinado objetivo? Ter clareza dos objetivos e quais são as forças que impulsionam as suas atitudes rumo ao que você deseja permite traçar um plano mais claro sobre como conquistar aquilo que você quer.

A paixão por algo, a vontade de fazer com que dê certo, com que aconteça, torna-se um combustível para as ações. Pensar, planejar, acreditar e concretizar. Seguir um rumo, dar direção a um sonho. Nada adianta sonhar, mas não ter a atitude para fazer acontecer.

Pense em quantos sonhos estão acumulados em sua lista de realizações e como você vai fazer para que as coisas de fato aconteçam. Determine aquilo que verdadeiramente tem um propósito efetivo em sua vida. O que realmente é relevante. Não estipule como realização extraordinária aquilo que não tem tamanha importância nem um propósito claro para você.

Quanto mais sentido a ação em direção a algo causar vontade e determinação, maior é o propósito para realizá-la.

Quando começar algo vá até o fim. Pular de tarefa em tarefa, divagar de sonho em sonho, gera uma lista de coisas quase realizadas. E a sensação do "quase" pode ser bastante dolorida em longo prazo. O foco é o melhor amigo da realização. Siga em frente e concretize. Parar na metade do caminho é inconcebível para quem quer ser vitorioso.

Inspire-se em histórias de sucesso. Observe que sempre existe uma trajetória antes do ápice, e esse caminho é construído ao longo da realização vitoriosa de algo. Aproveite a jornada rumo aos seus objetivos. Compreenda o significado das situações e como os acontecimentos positivos, ou não, podem ser proveitosos para guiar seu propósito. Ter uma meta pessoal ou profissional é dar um rumo ao seu dia a dia.

Entre aqueles que podemos considerar como fortes sabotadores internos da realização podemos citar:

• **Procrastinação:** procrastinar é o ato de adiar várias e várias vezes uma ação por falta de motivação. É uma somatória de desculpas para não realizar. Para parar de procrastinar você deve tomar uma decisão e agir de maneira a não perder o foco. Pese as consequências negativas da sua não realização e como será mais difícil concretizar algo não tendo um prazo estipulado ou tempo suficiente para isso.

• **Pensamentos negativos:** observe seus pensamentos e avalie a qualidade deles. Corte o fluxo de pensamentos negativos assim que ele começar a surgir. Substitua o pensamento negativo pelo positivo. Faça o mais rápido que puder, pois lidar com uma sequência ininterrupta de negatividade é adiar e muito a conquista do seu propósito e de sua realização. Você acha muito difícil? E como será lidar com a frustração das coisas não acontecerem em sua vida? Tome uma decisão.

- **Desmotivação:** motivação é uma força interna. Um combustível para concretizar algo. Pense em situações nas quais você já esteve muito motivado e quais foram os agentes responsáveis por isso. Identifique também o que de bom você conquistará quando sua meta for cumprida. Quais são os sentimentos positivos que você tem apenas em imaginar essa resolução?

- **Crenças limitantes:** pensamentos como "eu não posso"; "eu não consigo"; "eu não sou capaz, eu não sou bom o suficiente"; são típicas crenças limitantes. Suas crenças foram formadas ao longo da sua vida a partir de experiências que você vivenciou. Quando você as absorveu, certamente não tinha recursos para não se contaminar por elas. Porém agora você tem condições de tomar consciência e questioná-las. Perceba quais são as crenças que prejudicam seu crescimento e questione-as, argumente de forma que elas não tenham mais força nem poder sobre a sua realização. Escolha em que você quer acreditar e tenha como foco contrapondo qualquer tipo de pensamento limitante.

- **Falta de foco:** mudar de ideia a toda hora, começar e não terminar, não ter certeza sobre o que se quer, atirar para todos os lados. Isso é falta de foco. Não ter foco prejudica a sua realização, dispersa energia e tempo. Escolha o que você quer, tenha como meta e não se desvie. Mude seu comportamento.

Para a sua realização ser algo realmente estimulante para você, tenha em mente qual é a sua missão de vida. Você já definiu qual é a sua missão?

Faça uma reflexão sobre os seguintes questionamentos e escreva a respeito:

- Qual é o propósito de você levantar todos os dias e seguir em frente?
- O que é mais importante para você?
- O que o estimula a viver?
- Se você tiver de escolher um objetivo para nortear nesse momento a sua vida, qual será?

A partir desses questionamentos, investigue o que faz sentido para você ser a sua missão de vida.

Ainda refletindo sobre propósito e realização, pense a respeito se você se encontra em uma zona de conforto, ou seja, um espaço seguro, onde você se sente confortável por conhecer os resultados que estar ali lhe proporcionam, mesmo que estes sejam tudo aquilo que você não deseja. Realizar implica fazer escolhas e tomar ações, dedicar tempo, fazer mudanças, questionamentos, alterar pontos de vista. Porém, quando se tem a zona de conforto como uma forma de vida, com o intuito de evitar qualquer tipo de desafio ou possível desconforto que uma determinada ação exigirá para trilhar o caminho para algo muito melhor e que você deseja, a possiblidade de realização torna-se mínima ou inexistente. A mudança faz parte da conquista, seja ela interna ou externa.

Saia da sua zona de conformismo e vá mais a fundo em seus propósitos pessoais. Permita-se revolucionar a forma como você pensa a sua vida e busque dar significado a ela. Viver é muito mais do que um dia após o outro. Busque sentido no que você faz e por que faz, e se não encontrar repense se é o seu verdadeiro caminho ou já está na hora de buscar outras jornadas que estimulem a sua vontade de ser, fazer e realizar.

Dica

Defina qual é seu propósito de vida e crie um possível caminho para concretizá-lo.

O quê:

Quando:

Onde:

Como:

Com quais recursos:

Qual agente motivador:

Quais possíveis impedimentos e como superá-los:

Minhas Reflexões

Eu posso e mereço prosperar.

Eu tenho condições de gerar meus próprios
recursos financeiros.

Eu sei criar riqueza em minha vida.

RECURSOS FINANCEIROS

Os recursos financeiros sãos as manifestações de nossos empenhos em movimentar e concretizar ideias e vivências. O trabalho, seja ele autônomo, público ou efetivado, é a manifestação de uma sequência de ações e atividades que são direcionadas à conclusão de objetivos, que tem como retorno a remuneração, a quantia em valor acordada ou planejada.

O dinheiro nada mais é que o resultado de uma troca. Você consome algo e em troca realiza o pagamento por isso, e vice-versa. Porém, nem sempre esse ciclo está em equilíbrio. Daí, cabe a reflexão se as trocas que você tem realizado são realmente justas e equilibradas, e caso não sejam, como modificar esse ciclo. Você tem investido energia e equilíbrio para a construção de seus bens materiais e recursos financeiros? Está cultivando o crescimento da sua árvore financeira? Como tem cuidado dela?

A abundância é manifestada em um ciclo formado das seguintes etapas:

- **Declarar**: nesse momento você estipula ou acorda o trabalho que irá realizar. Deixa claro quais os objetivos e realmente aquilo que você quer concretizar materialmente. Por exemplo: "Quero comprar um carro".

- **Solicitar:** quando você solicita, você analisa e avalia qual é o melhor caminho, quais são os sonhos que se movimentam rumo ao objetivo estipulado, qual é a sua real necessidade, quais são os mecanismos de autossabotagem que você pode ter construído ao longo da sua vida e as crenças limitantes que podem ser impedimentos para a realização de seu propósito. Por exemplo: "Quero um carro. Com ele posso me locomover com maior velocidade e comodidade para realizar meus afazeres do dia a dia".

O que pode ser um fator de impedimento para que eu consiga atingir meu objetivo é não ter recursos suficientes para dar uma entrada em um financiamento. Então, para resolver essa questão, irei cortar alguns gastos desnecessários de meu orçamento e criar uma poupança par abrigar o dinheiro relevante para a entrada do meu novo veículo. Também realizarei o trabalho de vendas diretas para obter uma renda complementar para incluir em meu planejamento.

Após uma avaliação certeira e atribuir novo significado àquilo que pode ser uma fonte de bloqueio, você está pronto para seguir em frente com a manifestação dos seus recursos financeiros.

- **Arriscar:** é o próximo passo para a construção dos seus objetivos financeiros. Como? Colocando em prática o seu planejamento. Elaborando metas, direcionamentos, efetivamente colocando a mão na massa e não desviando sua atenção do objetivo, respeitando prazos e seguindo as metas traçadas.

- **Agradecer:** e por fim agradeça diariamente por conquista realizada rumo ao seu objetivo. Agradeça a si mesmo e a todos a sua volta por ter dado mais um passo, e quando atingir a sua meta, celebre e parabenize-se. Caso algo não saia exatamente como você planejou, perdoe-se, revise o caminho e continue. O objetivo criado é para ser concretizado e não esquecido ou deixado de lado.

Persista na direção daquilo que você realmente quer para a sua vida. Cada degrau deve ser valorizado, e apreciar o caminho é tão importante quanto chegar efetivamente à realização. Se você decidir que pode, então você pode. Os recursos financeiros são resultados, ou a falta de suas ações. Mesmo que você não consiga de imediato algo que impulsione seus meios financeiros, como a recolocação no mercado de trabalho, por exemplo, olhe a sua volta e perceba quais são os recursos que você possuiu no momento, e como você pode utilizá-los ao seu favor. Você sabe fazer bolos? Então venda bolos. Você tem conhecimentos em matemática? Que tal dar aulas particulares? Não importa o que você vai fazer, mas faça alguma coisa.

Em um momento de necessidade, mesmo que você seja doutor em determinada área, mas a crise de uma eventual situação está impossibilitando você de executar a função máxima para a qual se preparou, faça algo diferente, mas que vá ajudar a suprir o essencial de forma imediata. Não desista jamais do plano A, o qual você determinou para a sua vida e deseja realizar, mas tenha um plano B como solução breve e emergencial.

Liderar é servir. Sirva com as qualificações que você possui e não seja rígido consigo mesmo. Permita-se tomar as atitudes certas para o seu crescimento. Não pare nunca. A inércia pode tornar-se desesperadora para a mente e as emoções quando cultivada para alimentar pensamentos pessimistas. Use a sua energia para criar solução, não impedimento. Trabalhar na frequência de pensamento pessimista é o mesmo que pedir para não ter dinheiro.

Crie dinheiro na sua vida. Use daquilo que você possuiu ao seu favor e seja mais ativo do que a vontade de se acomodar. Você possui inúmeras qualidades. Faça uma lista com todas elas e observe como você pode ser eficaz e versátil na construção dos seus recursos.

Não diminua nunca seu poder supremo de criação. Você nasceu para prosperar.

Dica

Identifique quais são os seus sabotadores financeiros e crie forma de driblá-los.

Minhas Reflexões

Eu estou em alinhamento comigo mesmo e com todos a minha volta.

Eu compreendo as minhas necessidades e respeito a necessidade dos outros.

Eu construo um legado significativo.

Eu contribuo para o melhor

que existe em mim.

Contribuição Social

Questione-se:

Você já parou para avaliar o quanto suas ações ou a falta delas interfere na vida de outras pessoas?

Como você tem deixado a sua marca no mundo?

Você está feliz com a forma que manifesta as suas opiniões e como elas podem influenciar o mundo a sua volta?

O que você pretende fazer para deixar um legado construtivo para o mundo?

Talvez você acredite que não quer deixar nada para ninguém, ou que não pretende ser nenhum tipo de salvador da pátria ou líder. Mas tudo o que você fizer ou não fizer, em maior ou em menor proporção vai afetar aquilo que é externo a você. Portanto, deixe claro a você mesmo qual rumo tem dado a sua vida, como tudo o que você é servirá um dia de referência para algo. Ninguém é insignificante. Todos somos fortalezas, mesmo que desgastadas pelos acontecimentos da vida, para algo ou alguém você tem importância. Você é digno de receber amor e de distribuir amor.

Somos seres sociais. Por mais que queiramos nos isolar, somos codependentes das ações de outros. Talvez, ampliar a mente para perceber o quanto você ter importância na vida de alguém possa ser essencial para mudar sua atual perspectiva e gerar a vontade de fazer mais por aqueles que estão a sua volta.

Coloque-se no lugar do outro por alguns momentos e tente compreender o ponto de vista dele. Abra-se para ser o seu melhor em suas relações. Contribua com todos os dons que você possui. Eles são só seus e através deles você pode modificar a sua vida e auxiliar a tantos outros. Não esconda do mundo ou camufle aquilo que você tem de melhor. Deixe a sua luz brilhar e iluminar os lugares que precisam dela. Não menospreze a sua capacidade de ser. Você é útil, capaz e importante. Enfrente as suas limitações e foque em ser o seu melhor. Nada é migalha para quem tem fome. Não diminua seu poder.

Dicas para desenvolver empatia

- Entre em contato com suas próprias emoções.
- Coloque-se no lugar do outro.
- Escute mais.
- Olhe nos olhos.
- Assuma o risco de ficar desconfortável em algumas situações.
- Perceba e demonstre a importância das pessoas em sua vida.
- Presenteie, não com algo caro, mas, sim, significativo.
- Pergunte aos outros como eles se sentem.

Minhas Reflexões

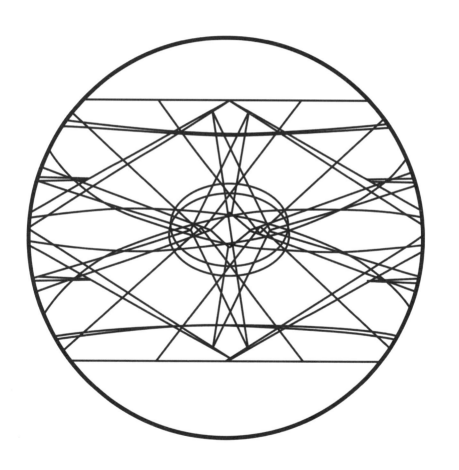

Eu permito ser tocado pelo

universo do outro.

E permito-me adentrar na essência de quem

cruzar meu caminho.

Eu troco, sinto, manifesto compreensão,

admiração, amor, compaixão e respeito por mim

mesmo e por todos a minha volta.

RELACIONAMENTOS

O que você sente pelas pessoas mais próximas a você? Quem é a sua família e quem são os seus amigos? Você tem permitido a aproximação das pessoas significativas para você?

Todo relacionamento é fruto da nutrição de vínculos, sentimentos e atitudes. Os que são mais próximos a nós podem ser essências para o nosso crescimento em todas as formas. Permitir a presença e a atitude do outro em nossa vida requer disponibilidade para envolvimento e troca. A forma como você tem valorizado, ou não, a você mesmo e aos outros, certamente tem influenciado nas suas relações.

Quem nunca passou por um conflito em uma relação? Por maiores ou menores que eles sejam, se não forem bem tratados e cuidados, podem destruir vínculos lindos de confiança gerados ao longo do tempo. Para solucionar um conflito, primeiramente observe se você está disposto a abrir mão de seus "pré-conceitos" e definições enraizadas, a fim de mergulhar no universo e ponto de vista do outro. Veja bem, não é perder a sua identidade ou desvencilhar-se dos seus argumentos e convicções, mas, sim, estar aberto para respeitar o que faz sentido para o outro, permitindo-se compreender novos pontos de vista sem necessariamente abrir mão dos seus. Não julgar, mas, sim, respeitar e compreender.

Mergulhar nas águas do oceano do outro é o mesmo que explorar o novo em si mesmo. O conteúdo interno de alguém pode gerar impacto em quem você é. Como você vai lidar com isso é que proporcionará relacionamentos saudáveis ou não. Limites, perspectivas, projeções, desejos, raiva, medo... Os relacionamentos podem projetar o melhor ou o pior que existe em nós. Tudo tem a ver com a forma que você recebe esse tipo de projeção e lida com ela.

Não espere que o outro vá mudar para se adaptar a você, ou então que você tenha a capacidade de moldá-lo para ser o que você deseja, e também não tente moldar-se àquilo que esperam de você. O nome disso é controle e não amor. Respeitar e exigir respeito é essencial para vínculos realmente claros e honestos. Seja verdadeiro o tempo todo em suas relações. A partir do momento em que você precisa se camuflar, mentir ou se desrespeitar para ter a companhia de alguém, algo não está bem.

Avalie quem realmente faz bem a você e quem não faz. E caso não faça, o porquê e como você pode transformar essa relação para algo positivo, seja mudando a forma de se relacionar ou então colocando-se no lugar do outro e no extremo, afastando-se para refletir. Seja ativo na sua escolha em lidar com os outros.

Perdoe-se por tudo aquilo que você acredita que fez de equivocado, e perdoe também. Libere os vínculos que são pesados e não mais agregam em sua vida. Deixe partir quem tem que partir. Deixe chegar quem deve chegar. Não prenda ninguém e nem se prenda. O amor dos verdadeiros relacionamentos é construído em liberdade e na aceitação do outro.

Ninguém pode ser sincero quando é imposta a forma certa de como se deve amar. As relações não têm *script*, elas fluem, dançam, transformam-se e reinventam-se com os acontecimentos colocados pela vida. Permita-se fluir na construção de laços, não no sustentar de nós dificultosos. Seja sólido em seus sentimentos e fluido em suas ações para com o próximo.

Aprimore a sua relação com você mesmo. O autoconhecimento dirige a sua jornada rumo às suas melhores relações. Quando você se conhece, permite ser mais verdadeiro com aqueles que estão ao seu lado. Seja você e ame, doe-se, preserve-se, estenda ou recolha a mão, serene ou grite, mas seja você em sua totalidade. Não ofereça menos daquilo que você tem a oferecer e não se permita receber menos do que você merece. Busque tocar o coração das pessoas.

Dica

Reconheça quais são os meios onde você frequenta e perceba quais tipos de relações e vínculos você construiu em cada um desses ambientes. Depois pense em como você pode melhorar ainda mais essas relações e de que forma pode demonstrar para as pessoas que estão em sua vida que elas são especiais.

Minhas Reflexões

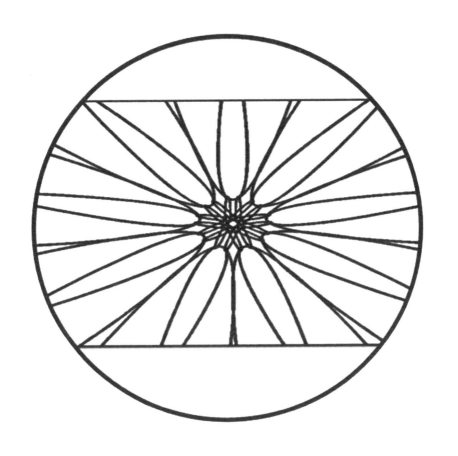

Eu sou merecedor de descanso.

Eu posso ter horas livres para reabastecer
minhas energias.

Eu me presenteio e reconheço meu valor
e o quanto mereço as
coisas boas que existem.

Eu me permito viver em equilíbrio.

LAZER E DIVERSÃO

Você tem se divertido nos últimos tempos? Tem exercitado seu lado criativo? Já parou para pensar o quanto desanuviar a mente é importante para manter seu equilíbrio?

Essa parte de nossa vida merece total atenção e é tão prioritária como qualquer outra. Sem ela, em algum momento torna-se difícil seguir em frente, já que diversão é tão importante quanto qualquer outra coisa. É nesses momentos de ludicidade que somos capazes de relaxar e tomar fôlego para a jornada do dia a dia.

O quanto você acredita que merece descansar? O quanto você tem vivido momentos lúdicos? A ludicidade não está relacionada apenas às atividades realizadas a fim de entreter e promover aprendizado às crianças. Esse recurso também é essencial para a vida adulta: jogar jogos, interagir socialmente e descansar por descansar. Permitir-se não fazer nada, não se preocupar com nada e simplesmente estar livre de responsabilidades. O ócio é criativo e nutridor. Dar liberdade para a mente descansar é refazer-se para os novos momentos.

Negligenciar o lazer em sua vida é uma punição ao seu equilíbrio. A sua mente e o seu corpo vão exigir em algum momento que você pare para se reabastecer. Você não será menos determinado, focado ou se tornará irresponsável por se permitir tirar alguns dias de folga, ou então dedicar algum tempo às atividades que lhe dão prazer. Os momentos de retiro e resguardo são essenciais para manter-se motivado. Determine o lazer em sua vida como algo que você merece e precisa.

Dica

Reserve momentos ao longo da semana para simplesmente não fazer nada. Descanse e apenas realize atividades que sejam prazerosas para você.

Minhas Reflexões

Eu agradeço por tudo o que eu sou.

Eu agradeço por tudo o que tenho.

Eu agradeço por todos os meus planos.

Eu agradeço pelo dia e pela lição que
Ele vem me ensinar.

Eu agradeço e honro tudo o que vivi
até aqui.

Plenitude e Felicidade

Plenitude é um estado em que você decide estar feliz em qualquer circunstância. É aquele ponto da vida em que você se satisfaz com tudo e possui a consciência de que as coisas são mutáveis e ser feliz é uma escolha. Você acredita que é possível ser pleno a todo momento? Você tem mais a gradecer ou a pedir?

Você já ouviu falar em gratidão? Agradecer não de uma forma superficial, mas, sim, algo bom que você pode sentir quando observa ou pensa a respeito. Quão grato você tem sido por tudo o que tem manifestado em sua vida? Já parou para pensar como pequenos detalhes fazem tanta diferença em sua vida se eles não estiverem ali? Reflita a respeito de como o menos pode ser mais quando está em escassez, quando está em falta, quando é inacessível. Agradecer é valorizar. Valorizar é reconhecer a importância de algo em sua vida.

Sonhos concretizados certamente trazem felicidade, porém o caminho até o alcance deles pode ser belo e feliz. Construa a sua felicidade por meio de observação e vivência de cada instante, por mais simples que seja. E então sinta a plenitude sendo vivida, não apenas sonhada.

Diariamente crie uma lista daquilo que você pode agradecer e permita-se realmente compreender o quanto de tudo que acontece pode ter significado para você. Alterar a perspectiva daquilo que não agrada é o primeiro passo para trilhar uma jornada de significado e realização, sendo que você cria cada vez mais daquilo em que coloca a sua atenção. Onde está seu foco principal?

Dica

Crie seu caderno da gratidão e escreva nele diariamente antes de dormir todos os motivos que você tem para agradecer pelos acontecimentos do seu dia.

Minhas Reflexões

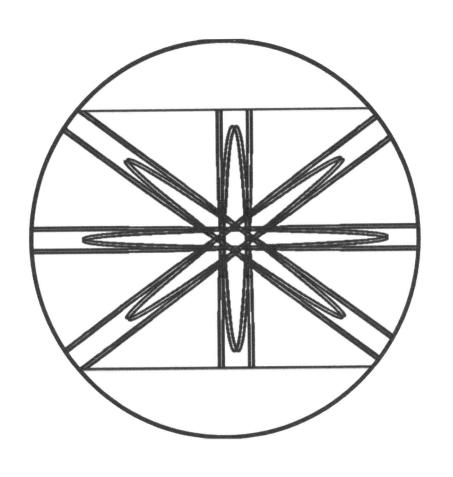

EU ACREDITO...

ESPIRITUALIDADE

O que é espiritualidade para você?

Quanto você se sente em alinhamento com a sua visão sobre espiritualidade?

Você pode acreditar que existe Deus ou não. Ou então que tudo é energia em movimento e que você tem livre-arbítrio para construir a sua vida, ou que ela já é predestinada. Também pode crer apenas em você e nos seus esforços. Independentemente de qual seja a sua crença ou não crença em algo divino ou espiritual, busque compreender qual é o sentido da sua vida e o que movimenta suas ações, e como isso tem sido efetivo positivamente para você, qual tem sido o foco que tem dirigido os seus movimentos.

Observe a sua capacidade de acreditar. Seja em algo ou em você mesmo. Acreditar que algo é possível torna-o mais próximo da realização. Acreditar em seu merecimento e capacidade destravam várias portas trancadas da mente. Tudo o que nos atrapalha pode ser reprogramado por meio de hábitos diários de requalificação dos pensamentos. Observe qual é a crença predominante em seus pensamentos.

Exemplos:
Emagrecer é difícil.
Todas as pessoas são interesseiras.
Eu não sou bom em realizar boas escolhas.
Ter dinheiro é difícil.
O que você acredita é aquilo que com mais facilidade irá se concretizar em sua vida. Não por uma visão mística ou predestinada, mas, sim, porque sua mente irá trabalhar para confirmar aquilo em que você acredita. Se você crê que é incapaz de ser feliz, sua mente irá criar possíveis "soluções" para que você realize essa afirmação. O resultado? Uma série de acontecimentos que trazem infelicidade.

Faça uma lista do que está fora do seu agrado em sua vida e analise qual crença sustenta essa sequência de acontecimentos.

Exemplo:
Estou fora do meu peso ideal.

Crença: Emagrecer é difícil e exige muito esforço.

Substituição de crença: Emagrecer é fácil e esse processo pode ser incluído facilmente em minha rotina.

Com total sinceridade, as crenças simplesmente são substituídas de uma hora para outra? Não. É necessário fazer uma vigília em seus pensamentos, palavras e atitudes e mudar tudo o que conduz para o oposto daquilo que você deseja. É refazer padrões e determinar medidas de mudança interna. Tudo é questão de disposição ao novo e ao seu momento de transformação e equilíbrio.

Sim, o maior movimento e trabalho é o seu para que as mudanças aconteçam, mas, se você está determinado e realmente deseja ser o seu melhor, saiba que cada decisão rumo ao seu equilíbrio é um passo gigante na caminhada do seu sucesso.

Dica:

Faça uma lista do que você acredita sobre você e como isso tem afetado a sua vida.

Dê novo significado às crenças negativas sobre você mesmo.

Minhas Reflexões

Os ciclos da minha vida estão
em constante movimento.

Todo meu ser trabalha para
meu equilíbrio e plenitude.

Colocando em Prática a Roda da Vida Criando Soluções

Após refletir sobre as questões e pontuar a satisfação nas áreas da sua vida, torna-se mais fácil reconhecer quais pontos estão satisfatórios e quais se encontram em desequilíbrio. Pensando sobre isso, vamos criar soluções e direcionamentos para que você encontre o equilíbrio. Responda:

Qual área da sua vida recebeu a maior nota? Qual é o motivo?

_____

_____

_____

_____

_____

_____

_____

Qual área da sua vida recebeu menor nota? Qual é o motivo?

Qual atitude você pode tomar para aumentar essa nota?

Escolha uma parte da sua vida que acredite ser prioritária e que, se trabalhada, irá refletir em todas as outras. Por que escolheu essa área?

Defina:

Área da vida a ser trabalhada.

_____

_____

_____

_____

_____

_____

_____

_____

Uma meta para ser trabalhada sobre essa área.

_____

_____

_____

_____

_____

_____

_____

Como você vai executar um plano para realizar essa meta?

_____

_____

_____

_____

_____

_____

_____

_____

Como você acredita que essa meta vai ajudar em seu processo de sucesso e equilíbrio? Por quê?

Quanto isso é importante e prioritário para você? Por quê?

Ao alcançar essa meta como você se sentirá?

Quais modificações importantes você precisa fazer para alcançar essa meta?

Quanto isso contribuirá para a sua felicidade?

Qual seu grau de disposição para realizar essa meta? Por quê?

Caso seja um grau baixo, o que você pode fazer para aumentar a sua disposição?

_____

_____

_____

_____

_____

_____

_____

O quanto você está disposto a alcançar seus objetivos e realizações?

_____

_____

_____

_____

_____

_____

_____

Minha Carta ao futuro

Escreva uma carta a você mesmo contando sobre seu aprendizado até este momento e como você quer que esteja a sua vida daqui a um ano.

Marque a data e após um ano releia e reflita.

Conclusão

A vida é vasta em acontecimentos, cores, nuances, equilíbrios e desequilíbrios. Viver é uma aventura diária e inesperada, já que tudo pode ser oposto ao que planejamos. Mas a forma como você encara a vida e coloca ordem interna em seus pensamentos e sentimentos facilitará a maneira como você pode encarar os acontecimentos e tomar as decisões corretas para as mudanças necessárias, a fim de que o equilíbrio seja parte da sua história.

Pessoal, profissional, familiar, amizades, intelecto, emoções, somos uma roda repleta de facetas que interagem entre si o tempo todo e são profundamente conectadas. Busque o equilíbrio, encontre a sua verdadeira visão de paz.

Você está onde se coloca. Saia da zona de conforto e explore o caminho mais profundo que pode escolher caminhar, que é o seu caminho, a sua jornada e o seu autoconhecimento. Se você acreditar que pode, então você pode.

Parabéns por ter chegado até aqui.

REFERÊNCIAS BIBLIOGRÁFICAS

ARANHA, Maria Lúcia Arruda. *Temas de Filosofia*. São Paulo: Editora Moderna, 1992.

ARAÚJO, Ane. *Coach: um Parceiro para o Seu Sucesso*. São Paulo: Editora Gente, 2012.

BOWLES, Sheldon M.; *Silvano*, Susan. *Silvano*, Richard. *Kingdomality*. São Paulo: Editora Landscape, 2011.

CIOCIOROWSKI, Emerson. *Executivo, o Super-homem Solitário*. São Paulo: Editora Ideias & Letras, 2011.

COARACY, Jael. *Vai Dar Certo – Atitudes de Alto Impacto para Mudar a Sua Vida*. São Paulo: Editora Best Seller, 2012.

CURY, A. *O Código da Inteligência e a Excelência Emocional*. Rio de Janeiro: Thomas Nelson Brasil, 2010.

DE PAULA, Maurício. *O Sucesso é Inevitável – Coaching e Carreira*. São Paulo: Editora Futura, 2012

DINIZ, Arthur. *Líder do Futuro*. São Paulo: Editora Crescimentum, 2013.

DOWNEY, Myles. *Coaching Eficaz.* São Paulo: Cengace Learning, 2010.

ESLINGER, Paul J. Desenvolvimento do Cérebro e Aprendizado. contato@centrodeaprendizagem.com.br

GOLDSMITH, Marshall; LYONS, Laurence; FREAS, Alyssa. *Coaching: O Exercício da Liderança.* Rio de Janeiro: Editora Campus, 2003.

GOLEMAN, Daniel. *Inteligência Emocional.* Rio de Janeiro: Editora Objetiva, 1995.

_____. *Inteligência Emocional.* Rio de Janeiro: Editora Objetiva, 1998.

GONÇALVES, Berenice M. Conceitos Básicos sobre o Processo Ensino Aprendizagem.

HUNTER, James C. *O Monge e o Executivo:uma História sobre a Essência da Liderança.* 18ª ed. Rio de Janeiro: Sextante, 2004.

KRAUSZ, Rosa R. *Coaching Executivo: A conquista da Liderança.* São Paulo: Nobel, 2007.

_____. *Coaching Executivo: A Conquista da Liderança.* São Paulo: Editora Nobel, 2013.

MAXIMIANO, Antônio C. A. *Fundamentos da Administração.* 2ª ed. São Paulo: Atlas, 2007.

MORGAN, Clifford T.; DEESE, James. *Como Estudar.* 3ª ed. Rio de Janeiro: Freitas Bastos.

O'CONNOR, Joseph; LAGES, Andrea. *Coaching com PNL*: Guia para Alcançar o Melhor em Outros: Como Ser um Coach Master. Rio de Janeiro: Qualitymark, 2008.

_____. *Como a Coaching Funciona.* Rio de Janeiro: Qualitymark, 2008.

_____. *O que é Coaching.* São Paulo: All Print, 2010.

PIAGET, Jean. *O Nascimento da Inteligência na Criança*. Rio de Janeiro: Editora Zohar, 1970.

RAMOS, Cosete. Artigo: "Aprendizagem Baseada no Cérebro".

REES, Jim. *Você Sabe Usar o Poder da Sua Mente? Melhore Sua Saúde Mental e Maximize o Seu Potencial*. São Paulo: SENAC, 2009.

"Seus Sete Centros de Inteligência e, Talvez um Oitavo". IN: *"DRYDEN, Gordon; Vos, Jeannet. Revolucionando o Aprendizado*. São Paulo: Makron Books, 1996.

STEFANO, Elio D'Anna. *A Escola dos Deuses*. São Paulo: Editora Prolibera, 2011.

Para mais informações sobre a Madras Editora, sua história no mercado editorial e seu catálogo de títulos publicados:

Entre e cadastre-se no *site*:

Para mensagens, parcerias, sugestões e dúvidas, mande-nos um *e-mail*:

SAIBA MAIS

Saiba mais sobre nossos lançamentos, autores e eventos seguindo-nos no facebook e twitter